PRÉFACE
POUR SERVIR
A
L'HISTOIRE
D'UN CRIME
DE
VICTOR HUGO

PAR

Emilio CASTELAR

ANCIEN PRÉSIDENT

DE LA

RÉPUBLIQUE ESPAGNOLE

TRADUCTION DE

Camille FARCY

———

DERVEAUX, ÉDITEUR

32, RUE D'ANGOULÊME, 32

—

1878

AVANT-PROPOS

L'*Histoire d'un crime*, ce récit poignant des jours néfastes de décembre 1851, cet exemple placé, à l'heure de la crise suprême, sous les yeux de ceux que hantait, il y a trois mois, le fantôme des ambitions malsaines, ce livre dont Victor Hugo a pu dire : « Il est plus qu'actuel, il est urgent », et qui aurait pu porter cette épigraphe : « Peuples, ne vous abandonnez jamais », a été traduit dans toutes les langues, lu dans toutes les capitales, admiré de tous ceux qui cherchent dans l'histoire contemporaine un enseignement. En Espagne, c'est le chef incontesté du parti républicain, l'orateur incomparable dont les harangues ont mérité, elles aussi, les honneurs de la traduction à Paris, à Rome, à Londres, à Berlin, le patriote latin, le politique sans reproche, dont le renom égale en son pays celui dont jouit, à si juste titre, de ce côté des Pyrénées, M. Gambetta, c'est l'ancien et le futur président de la République espagnole, M. Emilio Castelar, qui a voulu prêter à Victor Hugo le concours de son magnifique talent.

L'*Histoire d'un crime* a été traduite, en langue espagnole, par le seul homme qui pût garder à l'œuvre du maître sa saveur et son coloris. M. Emilio Castelar, voulant augmenter par un témoignage personnel le mérite du livre et accentuer, pour ses compatriotes, les enseignements qu'on en peut tirer, a écrit une préface que nous voulons mettre sous les yeux des lecteurs français. C'est une page d'histoire contemporaine, et l'histoire est toujours sincère quand elle est écrite par un étranger, fût-il aussi sincèrement notre ami que le grand orateur espagnol.

Nous avons cru devoir, au moment où paraît la seconde partie de l'*Histoire d'un crime*, traduire en français la préface écrite en espagnol par M. Emilio Castelar.

Nous payons ainsi à l'auteur du livre et à son traducteur le juste tribut de notre admiration.

Camille Farcy.

PRÉFACE

Dans le laps de temps qui s'est écoulé entre l'époque où l'histoire du coup d'Etat a été écrite par Victor Hugo et celle où ce livre a été publié, la société française s'est à ce point transformée qu'une démocratie impériale et réactionnaire s'est changée en une démocratie libérale et républicaine.

Pour ceux qui examinent les sociétés à leur surface, un tel changement est le produit d'un concours d'événements fortuits ; mais pour ceux qui regardent au fond des choses, il est né de la force créatrice des idées. Aucun homme parmi les Français n'a semé autant d'idées sur notre génération que cet immortel Victor Hugo dont les œuvres contiennent, en substance, toute la philosophie moderne, en même temps qu'elles sont ornées de tout l'éclat de la poésie et de l'art. J'ai vu le Paris de l'Empire et le Paris de la République. J'ai assisté aux événements qui ont marqué l'une et l'autre période, et j'ai fait partie de ces deux sociétés. Je puis conséquemment témoigner de la modification profonde qui s'est opérée et de l'influence qu'a eue le génie immortel de Victor Hugo sur cette transformation. Comparons ces deux dates : le 2 décembre 1851, jour du triomphe de l'Empire, et le 14 octobre 1877, qui a vu le triomphe définitif de la République. Commençons par ce second aspect de la vie nationale française.

Voir Paris, pendant la pacifique journée du 14 octobre, c'est assister à l'une des plus grandes batailles qu'ait enregistrées l'histoire. Le feu ne pétille pas, la poudre ne lance pas ses étincelles, le canon ne gronde pas, les chevaux n'ébranlent pas le pavé sous leur ferrure, les légions fauchées ne tombent pas sous leurs armes, le sang ne coule pas et la mort ne se promène pas en tous lieux à la pâle lueur des incendies, au milieu des nuées d'ouragans sinistres. La lutte est fortement engagée, mais c'est une lutte pacifique entre des idées invisibles qui se combattent dans la région sereine des âmes.

Elle est soutenue par des électeurs calmes, qui livrent la bataille sur le terrain sans péril des comices électoraux. Il y a lutte, parce que nous sommes des êtres contingents et contradictoires, condamnés à lutter sans cesse par une loi de nature qui est la base des sociétés humaines, mais c'est une lutte de travail qu'arrose la sueur et non le sang, c'est la lutte de la polémique où le cliquetis des armes est remplacé par celui des idées ; c'est la lutte électorale où les adversaires font abstraction de la force matérielle qu'ils laissent aux brutes, pour se renfermer dans le droit, cette dignité suprême de l'homme. Contradiction, opposition, choses essentielles à notre nature. Partout où on les supprime, l'immobilité amène fatalement la mort. La chaleur spirituelle, comme la chaleur matérielle, jaillit du mouvement. Et le mouvement des sociétés, comme celui des corps, ne s'accomplit pas sans vaincre des résistances. Ces forces opposées produisent l'équilibre universel, et de l'opposition des partis naît l'équilibre politique. Combattons donc, puisqu'il ne nous est pas donné d'avoir les mêmes opinions, mais combattons en respectant le droit de ceux qui ne croient pas et ne pensent pas comme nous. C'est seulement à ce prix que s'accomplit la loi du progrès continu et que l'atmosphère politique n'engendre pas de révolutions violentes.

En France, personne ne conteste plus ce principe, à savoir : que le peuple s'appartient à lui-même et qu'il a le droit de se gouverner par l'exercice régulier et ordonné de sa volonté souveraine. Les uns veulent que l'organe de cette volonté soit un roi constitutionnel, avec deux Chambres ; les autres, que ce soit un dictateur héréditaire consacré par une série de plébiscites ; d'autres, enfin, désirent que le gouvernement soit une République parlementaire, mais tous se soumettent au verdict impeccable de la nation et reconnaissent que le peuple, donnant à l'Etat la vie par l'impôt et la force par la conscription, a le droit indiscutable de nommer directement ou indirectement ceux qui représentent l'autorité ou exercent le gouvernement.

Voyez comme les principes changent de sens à mesure que les nations progressent. Cette théorie de la volonté nationale, de la souveraineté populaire, essentiellement révolutionnaire quand Montesquieu la signalait après l'avoir entrevue dans l'histoire anglaise, quand Rousseau l'expliquait et la formulait après l'avoir vue pratiquée dans la Constitution démocratique de Genève ; cette théorie de la volonté nationale et de la souveraineté populaire, cri de guerre lancé à la face des rois absolus que rendaient si altiers la croyance dans la divinité de leurs pouvoirs et l'éternité de leur droit, est devenue aujourd'hui le principe conservateur par excellence. On légifère, en effet, on gouverne, on juge en son nom. C'est par lui qu'on obtient l'obéissance de chacun à la volonté et à la souveraineté de tous. La pratique de cette institution a fait que la nation, autrefois la plus révolutionnaire de l'Europe, est devenue la nation la plus pacifique.

Qui se hasarderait encore à tenter un coup d'État pour rester au pouvoir contre l'opinion et malgré le vote de ceux qui paient l'impôt au Trésor et envoient leurs fils à l'armée? Qui se lancerait dans les hasards d'une révolution, sachant que l'on peut tout espérer du mouvement pacifique des idées et de la sentence, sans appel, des comices? Le gouvernement de la nation par la nation est le plus sûr des paratonnerres contre les orages des révolutions. C'est grâce à ce gouvernement qui existe en France depuis sept années, se tenant à égale distance de ceux qui cherchent à l'accaparer au profit d'une caste et de ceux qui veulent le plonger dans les excès de la démagogie, que ce pays a pu traverser les crises les plus graves de son histoire et les luttes de parti les plus passionnées, après la guerre étrangère qui démembra son territoire et la guerre civile qui incendia sa capitale, tristes legs du césarisme, et aboutir à une période de prospérité et de paix telle que ne lui en ont jamais procuré une semblable ceux qui s'arrogeaient le titre prétentieux de sauveurs providentiels.

Quel enseignement que celui de ces journées pacifiques pour ceux qui, comme nous, s'efforcent de résoudre le difficile problème du gouvernement des peuples par eux-mêmes! La souveraineté nationale va se formuler, non sur les blanches pages d'un livre, mais au milieu des mésalliances de la réalité où tant d'ombres l'obscurcissent. Une démocratie nombreuse, dont le territoire est très-étendu, va parler, et cette parole sera la règle politique dont devra s'inspirer, pendant une longue période historique, le gouvernement d'une grande nation européenne.

Cette démocratie ne ressemble pas à celle de l'Amérique du Nord, émancipée par la révolution religieuse, experte dans les luttes de la politique, grâce à son admirable régime municipal, maîtresse d'une terre vierge qui se façonne aux volontés de l'esprit comme la cire à celles de l'artiste, société sans traditions de conquêtes par les armes ou de monarchies héréditaires.

La nation française, au contraire, naît à la civilisation quand apparaît en Occident la monarchie fondée par César et par Auguste. Sa religion essentiellement moyen âge, canonique et impériale, est soumise à un pontife, qui se déclare infaillible et arrive peu à peu à résumer en lui toute l'Eglise. Cette religion, loin de favoriser, comme la religion républicaine des puritains, la diffusion de ces grands principes de droit qui sont l'essence des démocraties, les combat de telle sorte que, par les prières qu'il chante à l'autel, le clergé officiel demande la défaite de la cause populaire et la résurrection des antiques privilèges.

La France a, dans son passé, trois grandes traditions également opposées à l'exercice régulier et tranquille du droit : la tradition monarchique, la tradition révolutionnaire et la tradition impériale. La contrée qui lui est échue en partage, ouverte du côté de l'Est à toutes les invasions, l'oblige à faire de son sol un campement et de ses citoyens des soldats. Il lui fallait donc vaincre, pour arriver à se gouverner elle-même, une série de fatalités sociales, historiques, géographiques, telles qu'aucun peuple n'en a connu de pareilles dans ce combat séculaire qui dure depuis l'origine jusqu'à la fin de l'histoire humaine.

Il y avait compter avec d'autres obstacles, moins insurmontables, il est vrai, mais d'une nature essentiellement perturbatrice. Un gouvernement véritablement parlementaire venait d'être renversé par un *proprio motu*. La Chambre, qui avait écouté les vœux de l'opinion et s'était efforcée de les réaliser, venait d'être dissoute sans motifs. Il y avait à la tête des affaires un gouvernement qui, loin de suivre la direction sociale nécessaire, en assurant le droit de tous, déclarait effrontément la guerre à la démocratie, dont il aurait dû écouter la voix, à la Constitution, à laquelle il devait obéissance, à la République, dont il était le gardien. Les presses officielles versaient sur les élus des torrents de calomnies, souillaient les caractères et assassinaient les âmes.

Des journaux que le Trésor publie à l'aide de l'argent des citoyens et pour leur service, comme le *Bulletin des Communes*, se changeaient en honteux libelles. On n'était point arrêté par cette pensée que calomnier la majorité du Parlement, c'était en même temps calomnier la majorité de la nation. Toutes les forces administratives étaient devenues des machines de guerre. On ferma les établissements publics aux journaux de l'opposition en même temps qu'on les ouvrait à ceux du gouvernement. Les maires furent révoqués. Les juges de paix devinrent des soldats de la réaction. Le candidat que les préférences de l'opinion entourent d'une sorte d'inviolabilité et qui doit, recherchant un pareil mandat, jouir de certaines libertés, vit ses manifestes électoraux poursuivis et dénoncés comme factieux. Les gardes forestiers pourchassaient les électeurs comme ils auraient conduit une chasse. La magistrature, dont le rôle, comme celui des hautes cimes, est de dominer les tempêtes, entra dans la lice.

Le clergé fit de la religion la servante d'un parti et changea le voile du sanctuaire en un pennon de guerre. On vit même les pauvres gens qui tiennent des hôtels, des auberges ou des cabarets, recevoir l'ordre de prêcher à leurs clients la doctrine gouvernementale sous peine de ruine. La révocation en masse de tous les agents administratifs ne suffit pas à calmer la rage du gouvernement.

Il rêva de changer en agents électoraux les employés des chemins de fer. On consultait la nation, mais avec la ferme résolution de la traiter comme les derniers païens traitaient les antiques oracles, en lui dictant sa réponse et en la contraignant à la prononcer à l'aide des plus atroces violences. Ce n'était plus un état politique, c'était un état de guerre.

Nous devons penser pour l'honneur de l'humanité et par respect pour le peuple de France qu'un tel ensemble d'actes répondait à un ensemble de principes. Les hommes du gouvernement en Europe, ne se déterminent à procéder de la sorte qu'en se basant sur un idéal politique. Le maréchal croyait que la Constitution avait créé trois pouvoirs : la Présidence, la Chambre et le Sénat. Il s'imaginait que, de ces trois pouvoirs, le plus populaire était le plus personnel, c'est-à-dire le sien. Il oubliait que si, chez les peuples monarchiques, les personnes sont plus populaires que les principes, c'est qu'elles ont le prestige de l'hérédité ou celui de la victoire. Se croyant le plus populaire des pouvoirs, il n'eut pas de peine à supposer que la majorité républicaine de la dernière Chambre avait été élue à l'ombre tutélaire de son nom.

Dans son étrange erreur, il admettait que le respect dont les républicains faisaient montre pour la plus haute magistrature de l'Etat était une adhésion à sa personne. Il se forgeait ainsi une idée du pouvoir présidentiel, dans les républiques, qui aurait quelque réalité s'il s'agissait des républiques prises en général. Dans ce cas particulier, elle n'avait aucun fondement. Il est vrai, il est incontestable que le pouvoir présidentiel, dans les républiques démocratiques, doit être plus fort que le pouvoir royal dans les monarchies constitutionnelles. La méfiance est nécessairement au fond de celles-ci.

Le pouvoir royal se méfie du peuple parce qu'il l'a vu de vassal devenir citoyen, jouir du droit d'initiative législative dans la Chambre basse et s'emparer, à l'aide de cette Chambre et du vote des impôts, du pouvoir lui-même. De son côté, le peuple se méfie du roi parce qu'il voit toujours en lui l'incarnation d'un pouvoir semi-divin, mystérieux, héréditaire et menaçant pour ses droits.

Le système monarchique constitutionnel peut se définir : un système de soupçons et de méfiances entre le trône et le peuple. La hauteur même de la dignité monarchique en est la preuve. Un roi qui n'a pas de responsabilité n'a pas non plus de pouvoir. L'élévation du trône le place dans une sorte de région mythologique où n'arrive pas le bruit de nos travaux, de nos luttes et de nos soucis d'êtres responsables. Notre pouvoir et notre force ne s'élèvent pas non plus jusque-là. Le système républicain est venu reconstituer l'autorité ; c'est pour cela qu'il a donné au président un pouvoir effectif. Nous n'avons aucune raison de nous méfier de ce pouvoir exécutif, parce que son origine est identique avec celle du pouvoir législatif.

Le pouvoir du président étant effectif, il jouit du premier de tous les attributs humains : la responsabilité.

Tout ceci se rapporte à la théorie pure de la République et ne peut s'appliquer à la République telle qu'elle a été fondée, en France, par la dernière Constitution.

Œuvre de monarchistes, on y découvre un certain nombre de ressorts purement monarchiques. Le président jouit d'un pouvoir étrange ; c'est une sorte de roi constitutionnel temporaire. Nous n'en voulons pour preuve que ce fait : il n'est pas responsable. Il lui fallait conséquemment, ou ne pas accepter la présidence, dans les conditions stipulées par la Constitution ; ou, l'ayant acceptée, se résigner à jouer le même rôle que le roi Victor-Emmanuel en Italie ou que la reine Victoria en Angleterre, aiguilles de montre que met en mouvement la machine parlementaire.

Le maréchal avait un dernier refuge. Il disait : « Sur les trois pouvoirs constitutionnels, j'en ai deux pour moi, puisque, à part le pouvoir présidentiel, j'ai celui du Sénat. » Parfaitement. Mais quelle est l'origine des pouvoirs de la nation ? Toute souveraineté est une souveraineté subordonnée, puisque la souveraineté nationale est seule prééminente ; tout pouvoir est secondaire puisque la nation est le pouvoir primaire ; toute autorité est déléguée puisque la nation est l'autorité éternelle et constante. Quand les pouvoirs sont en dissidence, la nation les harmonise ; quand ils se combattent, la nation les réconcilie ; quand ils se séparent, la nation les réunit. On la consulte, et dès qu'on l'a consultée, il n'y a pas d'appel à sa sentence. Pour la consulter, on dissout la Chambre des députés et on en appelle une autre. Les nouveaux venus ont sur leurs lèvres la volonté de la nation. Quand la volonté de la nation s'est manifestée, il n'y a plus de remède. Il faut s'y soumettre ou entrer en rébellion, comme de vulgaires factieux, par des moyens de violence, avec l'appareil criminel des combats.

Chaque régime a son philosophe. Le monde social est mis en branle par des idées comme le monde physique par des forces. Le philosophe de la monarchie parlementaire qui s'établit en 1789 fut Montesquieu ; le philosophe de la République absorbante et énergique de 1793 fut Rousseau ; les philosophes de la dictature impériale fondée par Napoléon Bonaparte furent Talleyrand et Sieyès ; le philosophe de la Restauration fut Royer-Collard ; celui de la monarchie progressive, Thiers, à l'aide de sa maxime : le roi règne et ne gouverne pas. Guizot a été le philosophe de la monarchie doctrinaire, Persigny celui de la restauration bonapartiste, et de Broglie celui d'une démocratie faussée par le principe de la République septennale.

Issu d'une race de princes et d'écrivains, fils d'un homme illustre qui servit avec honneur la monarchie parlementaire, neveu d'une femme plus illustre encore, madame de Staël, propagatrice des idées de parlementarisme, homme d'un réel talent et d'une rare ténacité, son idéal eût été de rétablir, avec les princes d'Orléans, une monarchie parlementaire dirigée par une aristocratie de magistrats, de professeurs et d'académiciens, comme pendant l'âge d'or de la monarchie de Louis-Philippe. Cet idéal, il ne pouvait l'atteindre, parce que tout régime politique est une conséquence de l'état mental des nations. Le vieux système doctrinaire a fait place au nouveau système démocratique, et le cens des privilégiés au suffrage universel. La monarchie a sa source dans le droit héréditaire ou dans le droit populaire. La monarchie héréditaire a déjà son représentant, le comte de Chambord ; la monarchie populaire a également le sien, Napoléon Bonaparte.

Les princes d'Orléans ne symbolisent plus rien ; il n'y a plus de place pour eux. Aussi les uns ont-ils été se prosterner devant le droit divin pendant que les autres s'enfermaient dans une abstention absolue. L'orléanisme est mort. Convaincu de la réalité de cette mort irrémédiable, le duc de Broglie a essayé, pour assurer la prédominance précaire de la débile aristocratie qu'il représente, reste d'un grand naufrage, de l'attacher, de la lier à un régime sans nom, sans classification possible dans la zoologie politique, hybride et presque fantastique, une espèce de présidence viagère pour le maréchal avec deux Chambres très-limitées dans leurs droits, restreintes à des attributions sans importance, à la façon des Chambres de l'empire, sans suffrage universel, sans liberté de presse.

De cette manière, on aurait attendu le hasard possible du rétablissement de la monarchie constitutionnelle par la mort du comte de Chambord léguant ses droits monarchiques au comte de Paris. Ce régime a tous les inconvénients du provisoire et nuirait beaucoup à un peuple aussi riche et aussi travailleur que le peuple français. Il ne répond à aucune idée et ne peut conséquemment s'appuyer sur un véritable parti.

Ceux qui y adhéreraient formeraient une réunion de hasard composée d'invalides de toutes les guerres, de vaincus de toutes les causes, de soldats de toutes les armées ayant pour but d'intriguer, à part, en faveur d'un principe exclusif, et d'attendre à l'abri de ce régime, improvisé à l'heure de la lutte, l'occasion de le renverser à l'heure du triomphe. Il faut en convenir : jamais on n'a vu une politique plus révolutionnaire s'abriter sous le drapeau conservateur. Jamais une conception plus arbitraire de la société ne s'est produite, plus opposée aux lois de la raison et à celles de l'histoire. Les conceptions socialistes, quoique absurdes, naissaient d'un grand courant qui avait creusé un profond sillon dans l'histoire, et avaient pour but le bien de l'humanité souffrante. Les conceptions absolutistes, quoique d'une réalisation impossible, naissent de ce culte des souvenirs, de cet amour pour le passé, de ce respect pour la mort, de tous ces sentiments dont l'ensemble crée les partis capables de livrer des combats héroïques et répand dans le cœur des hommes des sentiments de sacrifice. Mais la théorie de M. de Broglie n'est ni l'utopie du passé ni celle de l'avenir ; elle ne peut servir d'expédient ou préparer une solution.

Ce n'est rien qu'une misérable trame destinée à maintenir le pouvoir dans les mains de l'oligarchie et qui n'aurait pu être ourdie sans cette circonstance extraordinaire : avoir en mains la force. Une politique sincèrement conservatrice a son chemin si bien tracé, en France, que l'équivoque n'est pas possible. Les conservateurs doivent maintenir au pouvoir le maréchal jusqu'au terme de son mandat. Ils doivent aussi maintenir les institutions et conserver les lois fondamentales, c'est-à-dire la Constitution et la République. On ne peut s'expliquer que, pour conserver la République, le maréchal qui se déclare le plus fidèle de ses défenseurs, réunisse autour de lui et protége les cléricaux qui veulent la perdre en la compromettant dans une guerre insensée pour la restauration du pouvoir temporel des papes ; les royalistes qui veulent ramener un roi représentant de la monarchie historique enterrée par trois révolutions, un roi qui méconnaît non-seulement les Droits de l'homme, mais encore les couleurs du drapeau, symboles de la nationalité française ; les orléanistes, qui forment une monarchie particulière ayant ses pénates et ses princes, mais dépopularisée, grâce à cette avarice qui leur fit réclamer une indemnité d'argent dans un temps de ruine, et mise à l'écart par une sorte de répulsion générale ; les bonapartistes surtout, ces démocrates dictatoriaux, falsificateurs de toutes les idées modernes, semi-ultramontains et semi-socialistes, coupables de deux coups d'Etat à l'aide desquels ils ont établi la tyrannie maintenue par des prétoriens ivres et par des plébiscitaires démagogiques. Leur passage a attiré sur la France, en un demi-siècle, trois invasions ; son territoire a été démembré trois fois, et son histoire, souillée de taches indélébiles. Cette cour, cet entourage ont entretenu le maréchal dans une invincible répugnance contre la forme républicaine que la Constitution l'a chargé de maintenir. On ne devrait entendre autour de lui que des paroles de respect pour les institutions républicaines ; il n'en est rien, on s'écrie publiquement : « Si Dieu le veut, la République tombera! »

Non! elle ne tombera pas, parce que, pour la maintenir et la sauver, il y a l'inflexible volonté de ce peuple autrefois mobile et changeant, maintenant ferme et tenace. La forme républicaine s'est définitivement unie, en France, au système constitutionnel et aux institutions parlementaires. Tous ceux qui aspirent à élever la dignité nationale, à maintenir la paix européenne, à s'incliner devant la volonté populaire, ont adhéré à l'unique forme de gouvernement qui soit d'accord, en toutes choses, avec l'esprit moderne. Les intelligences les plus élevées, qui se consacraient autrefois à la défense des idées doctrinaires, se sont mises au service des idées démocratiques. Les partis les plus opposés se sont réconciliés sur le terrain des institutions progressives. Les inimitiés, entre la classe moyenne et la classe ouvrière, qui servirent de levier à la tyrannie césarienne, n'existent plus. Le socialisme s'est évanoui ; la conscience humaine, sur laquelle pesait un horrible cauchemar, s'est éveillée. Les propriétaires qui redoutaient de perdre leurs biens si la démocratie arrivait aux affaires, ont pu se convaincre que les produits de l'accumulation du travail jouissent de toute sécurité chez un peuple de travailleurs.

Le peuple, de son côté, ne croit plus que ceux qui ont épargné et constitué par leur épargne une propriété, sont des vampires ivres de sa*** r et de son sang. La propriété individuelle n'a *plus d'* nemis que la responsabilité individuelle. *démagogue* n'est plus le hé-

2.

raut d'armes de César. On ne rencontre plus de ces écrivains qui sacrifiaient les libertés publiques au plaisir de lancer quelque aphorisme retentissant. Les sophismes communistes n'alimentent plus la terreur sociale. On ne voit plus s'agiter ceux qui, proposant le partage des domaines particuliers entre les gens du peuple, disaient des Gracques : « Ce sont des traîtres et des patriciens ! » parce qu'ils proposaient de ne partager que le domaine public. Où sont ceux qui arrachaient la langue de Cicéron et la clouaient à la tribune rostrale parce que cette source d'éloquence était la langue d'un chevalier? Que sont devenus ceux qui incendiaient la maison de Brutus, de ce Brutus qui offrit à la République son cœur et sa conscience, parce que Brutus appartenait à l'aristocratie et au patriciat?

Les multitudes aveugles qui suivaient Antoine, à travers les cabarets et les lupanars, riant de ses massacres considérés par elles comme une vengeance; les idolâtres du génie de César, dont le fanatisme allait jusqu'à lui sacrifier la liberté; tous ceux que séduisait la gloire vénéneuse et pleine d'artifice de la tyrannie, savent maintenant, après une défaite qui pour toujours a démembré la patrie, ce qu'il en coûte de substituer à la religion sacrée du droit l'idolâtrie du génie. L'utopie socialiste s'est évanouie en même temps que la légende impériale. Il ne reste plus en France, dans le parti libéral, que des démocrates résolus à maintenir la liberté et la démocratie dans les limites d'une République qui soit une sorte d'assurance de tous les intérêts sociaux et d'instrument de tous les progrès, une République gouvernementale et pacifique. Le testament de Thiers s'est gravé d'une façon indélébile dans l'âme de la France. La République est acclamée d'un bout à l'autre de ce grand pays.

Les élections ne pouvaient être douteuses. Sous un gouvernement absolument conservateur, quand M. Buffet, dont on connaît la sévérité et les principes, avait le portefeuille de l'intérieur, le pays avait élu une Chambre essentiellement républicaine. Cette Chambre était d'accord avec le ministère également républicain désigné par elle. Elle s'occupait de sa tâche législative, sûre de ses droits, quand tout à coup le maréchal lui fit connaître son mécontentement, la menaçant d'une dissolution immédiate et appelant aux affaires, pour dissoudre la Chambre, un ministère réactionnaire. Ah! il n'y a pas de force au monde comparable à celle de la foi contrariée. A la violence de l'attaque répond l'énergie de la défense. Le gouvernement a pris pour lui quatre mois ; c'était un délai inconstitutionnel, mais il n'a pu vaincre l'héroïque résistance de ce peuple. On a passé ces quatre mois à préparer une gigantesque falsification, sans recueillir un indice favorable au succès des réactionnaires.

Les réunions publiques, où tant de germes de désordre pouvaient être semés, soit par les intransigeants, dont l'inquiétude ne se repose jamais, soit par les républicains inexpérimentés, soit enfin grâce aux perfidies d'une administration arbitraire, ou aux manœuvres de la police impériale, capable de tout, ont eu lieu dans l'ordre le plus parfait, comme si la France, au lieu d'être une nation provoquée, avait été une nation tranquille et satisfaite. Cette démocratie, qu'on qualifie d'utilitaire, s'est mise en mouvement avec le désintéressement le plus absolu ; cette démocratie, qu'on dit athée, s'est prosternée devant l'idéal le plus divin : la justice ; cette démocratie qu'on flétrit du nom de matérialiste, s'est dévouée à une chose abstraite : la République.

Il était facile de diriger ces cités républicaines de la

Grèce antique, ou de la moderne Italie, où une aristocratie d'intelligence plus ou moins soutenue par un troupeau d'esclaves s'adonnait à tous les exercices de la science et de l'art ; il est facile de diriger une démocratie divisée en petits cantons comme la démocratie helvétique, ou qui s'étend sur un immense territoire comme la démocratie américaine ; mais il est essentiellement difficile de discipliner quarante millions de citoyens qui prennent part au combat, ou par leur influence, ou par leur parole, ou seulement par leur vote, et qui vont disposer du sort d'une nation si grande, massée dans un territoire relativement étroit, sur lequel se dresse encore, sous les ruines des châteaux féodaux et des cloîtres monastiques, une monarchie de vingt siècles, renversée par une révolution, source d'innombrables catastrophes. Et malgré cela, la démocratie française, cinq ou six millions d'électeurs (1), a été au scrutin avec une sérénité austère et presque sacerdotale, comme si elle accomplissait un devoir religieux.

J'ai eu la bonne fortune de me trouver à Paris le 14 octobre. Je ne l'oublierai jamais. C'est à mes yeux l'un des jours les plus critiques, les plus solennels, les plus décisifs dans l'histoire du progrès humain. Le ciel était pur, ce qui est rare dans ces régions du Nord. Le soleil brillait d'un véritable éclat. Il semblait à tous que l'horizon s'éclaircissait en même temps que la conscience humaine. On aurait dit que la lumière éternelle du soleil s'épurait à la lumière divine de l'idée. Pas un soldat dans les rues, aucun appareil de force publique ; à la porte des sections, quelques sergents de ville, surveillants attentifs, mais

---

(1) Notre illustre maître s'est trompé. La France compte, on le sait, plus de 10 millions d'électeurs.

pleins de courtoisie, voilà le côté du gouvernement. Du côté du peuple, pas une manifestation, pas un drapeau, pas un chant.

Les murailles étaient chargées d'allocutions électorales, imprimées en papier rouge, vert, jaune, bleu, au milieu desquelles se pavanaient les manifestes présidentiels sur le papier blanc, réservé en France aux actes de l'administration.

Les idées les plus contradictoires, les phrases les plus opposées, les principes les plus ennemis criaient dans ce silence et se confondaient sur ces murs. Rien n'y manquait. Un pauvre fou avait affiché de tous côtés son portrait au haut d'une proclamation ridicule signée : « Le Candidat humain », et datée du palais de l'Humanité. Combien de fous, disais-je à part moi, en lisant ces affiches, parmi ceux qui se défient de l'esprit humain, de cette mer plus insondable que l'espace, et qui rêvent de l'enchaîner arbitrairement dans les froides ruines du passé ou de le livrer aux rêves fantastiques d'un avenir trompeur! Les efforts violents qu'on emploie pour le ramener en arrière le poussent en avant, comme les efforts en sens opposé le retiennent en arrière.

Nous redoutons des catastrophes effroyables, il n'arrive que des évolutions logiques ; un rapide changement, il n'arrive que des transformations lentes et à peine appréciables. On dirait le travail de ces eaux qui forment, au bout de milliers d'années, le delta du Mississipi, ou qui, répandues goutte à goutte avec leurs sédiments calcaires, sculptent des grottes ornées de stalactites gigantesques. Mais laissons là ces réflexions. Je puis dire que jamais Paris ne m'est apparu si grand que dans cette bataille pacifique où tant d'intérêts élevés, tant d'idées multiples se choquaient entre elles et produisaient une agitation si vive dans les esprits et, comme antithèse, un calme si complet dans les rues.

Les présidents de sections, assistés de leurs assesseurs, présidaient aux scrutins. Les électeurs s'approchaient et remettaient leurs bulletins de vote. Les distributeurs, ayant inscrit sur leur chapeau le nom de chaque candidat, offraient des bulletins. D'habitude, l'électeur en prend plusieurs, rejette ceux dont il n'a pas besoin et plie celui qui lui convient. Il présente ensuite sa carte pendant que son nom est pointé sur les listes. L'opposition était vive entre les uns et les autres, mais je n'ai pas entendu une parole amère, ni surpris un geste de dépit. L'ouvrier coudoie son patron et le salue avec amabilité. Le maître et le domestique vont voter en même temps. N'en doutez plus, la France est une grande démocratie, et Paris mérite incontestablement d'être la tête de cette démocratie.

Grâce à une organisation parfaite, le résultat des élections est connu quand la nuit vient. Dès huit heures du matin, tous les colléges sont ouverts et tous les bureaux installés. Chaque collége possède plusieurs sections et l'électeur va, tranquille et silencieux, déposer son vote où il doit le faire. Par ce moyen, une véritable armée électorale peut voter dans l'espace de temps compris entre huit heures du matin et six heures du soir. C'est alors qu'on dépouille le scrutin dans chaque section et qu'on en proclame les résultats. Bientôt les résultats partiels des sections sont réunis, et le résultat général est proclamé au siége de la circonscription. A neuf heures du soir, la bataille est terminée, le scrutin est dépouillé, le résultat est connu et proclamé dans toutes les circonscriptions.

La nuit du 14 octobre fut l'une des plus belles qu'ait vues le ciel de Paris. Les étoiles brillaient comme autant d'yeux célestes absorbés dans la contemplation de ce qu'il y a de plus beau sur la terre : la liberté. Les habitants de Paris parcouraient les rues et les places, émus d'un patriotique désir de connaître les résultats et d'une juste joie quand ils les apprenaient favorables à la République. Une circonscription intéressait entre toutes, la 9e, où M. Thiers s'était toujours présenté et où se présentait son successeur nécessaire dans la direction du parti républicain, M. Grévy. L'acharnement de la lutte avait permis de juger l'importance de cette élection, acharnement que rendaient visible les manœuvres du gouvernement. Si M. Grévy n'était pas élu, s'il n'était pas élu avec le nombre de voix nécessaire, à son prestige moral, ce devait être une preuve que les forces républicaines s'étaient débandées depuis la mort de M. Thiers et que la candidature de son successeur, posée par les chefs du parti, n'était pas confirmée par la suprême décision du suffrage universel. Aussi le ministère avait-il scandaleusement combattu cette candidature. Il avait été jusqu'à faire publier contre l'élection e l'ancien président de la Chambre des protestations approuvées par des électeurs républicains dont les signatures avaient été volées.

L'annonce de la victoire remportée par M. Grévy sur le puissant adversaire qu'on lui avait opposé excita la joie de la foule, joie qui ne fut troublée ni par des cris ni par des menaces, et n'alla pas au delà d'une légitime et expansive manifestation d'allégresse. Sur les boulevards, le long de cette épine dorsale de Paris, qui a cinq kilomètres d'étendue de la Madeleine à la Bastille, les larges trottoirs étaient parcourus par deux fleuves humains, tranquilles dans leur cours. La chaussée, remplie de voitures qui ne pouvaient avancer, offrait le même spectacle. A la porte des librairies, au guichet des kiosques lumineux dont les longues files courent d'une extrémité de Paris à l'autre, la foule s'amassait pour acheter les journaux contenant les dernières nouvelles. Un lecteur, monté sur les épaules d'un ami robuste, lisait à haute voix les résultats qu'on saluait, sans désordre, de cris unanimes : « Vive la République! »

Une ombre de tristesse obscurcit seule un instant cette victoire. Le parti républicain perdait un député, Anatole de la Forge, le valeureux défenseur de Saint-Quentin contre l'invasion prussienne (1). Mais les nouvelles des départements étaient excellentes. A dix heures du matin, le lendemain, on sut que trois cent vingt républicains étaient élus. L'idée républicaine était sanctionnée par le vote national. Les trois partis monarchiques, coalisés en haine de la République, n'avaient triomphé que dans deux cents circonscriptions. Qu'ajouter à l'éloquence de ce résultat ? La nation avait parlé et le pouvoir, tout orgueilleux qu'il fût, n'avait qu'à écouter la voix du peuple et à se soumettre à sa volonté souveraine.

Si je me suis plu à raconter cette journée du 14 octobre, c'est qu'elle contraste étrangement avec la nuit du 2 décembre dont Victor Hugo a retracé d'une si admirable façon les terribles épisodes dans ce livre si beau qui tient du mémoire par sa simplicité et de l'épopée par son accent. Les tristesses, inséparables de la vie, nous rendent injustes, et nous avons coutume de répéter ce vers plein de tristesse de notre poëte :

Quel qu'il fût, le passé fut toujours le bon temps.

La publication de ces pages éloquentes proteste contre

(1) Ce n'était pas une perte sur le nombre des députés républicains, puisque la 8ᵉ circonscription était précédemment occupée par M. le duc Decazes.

ces tristesses et condamne ce scepticisme. Ce livre est la preuve que les idées répandues par un poëte, par un philosophe, par un orateur de la taille de Victor Hugo convertissent les consciences et changent même en bien le cours des événements.

Le tyran exila l'homme, mais ne put exiler le génie. La parole du poëte pénétrait dans la conscience du peuple. Le tyran restait appuyé sur ses citadelles, sur les canons et les fusils de son armée, à la tête d'une nation esclave et soumise à ses volontés, mais l'écrivain emportait avec lui cette plume trempée dans l'éther des pures idées, et devait remuer les âmes et les élever. La conception de l'idéal est incompatible avec la tyrannie. Exilé comme le Dante, digne de planer dans les régions où les prophètes chantaient la liberté d'Israël et la destruction de Babylone, il avait été doté d'un génie véritablement créateur. Ses paroles de feu gravèrent les formules du droit moderne dans toutes les consciences et éveillèrent l'horreur de la tyrannie dans tous les cœurs. Un tel changement dans les idées et les sentiments entraîne forcément une modification sociale.

Le désespoir qui avait engendré la plus criminelle des résignations à la servitude, se changea en une sainte espérance. Dans l'ombre de cette nuit, à travers les murailles de ce cachot, quand les ténèbres paraissaient les plus profondes, on apercevait au loin l'âme du poëte, horizon lumineux, semé de mondes innombrables et d'astres lumineux éclairant les routes de l'avenir. On croyait à cette aurore de la divine justice, et le peuple se prenait à espérer qu'un châtiment inflexible frapperait l'oppresseur et qu'une sainte rédemption sauverait les opprimés.

Quelle immense distance morale entre la nuit du 1er décembre 1851 et la nuit du 14 octobre 1877! La première vit se forger le césarisme; la seconde, se consolider la République. La conjuration impérialiste se fonda dans la première, la souveraineté nationale formula sa volonté dans la seconde. La première assista à ce spectacle : un peuple soutenant ses élus de ses votes. L'une entendit siffler les balles des prétoriens et l'autre proclamer les résultats d'un scrutin ; on vit enfin, dans la première, la tribune renversée et les défenseurs de la liberté poursuivis comme des bêtes fauves et, dans la seconde, la tribune rétablie et les élus du pays acclamés et bénis comme des rédempteurs.

On dirait que ce sont deux peuples différents, celui qui revendique son droit avec un saint enthousiasme le 14 octobre et celui qui assiste, indifférent, le 2 décembre à la passion de la liberté. Cette conversion, on la doit aux idées qui ont germé dans l'esprit public. Le grand apôtre des idées, celui qui sait le mieux les changer en langues de feu et les répandre dans le peuple pour émouvoir à la fois son cœur et sa conscience, c'est Victor Hugo, ce poëte prédestiné qui, sous une forme cyclopéenne et sublime, a le mieux mis en relief l'esprit moderne. A le voir, à l'écouter, on dirait qu'il descend du Sinaï, que son âme s'est embrasée dans le buisson ardent de l'Oreb, qu'il a entendu la voix de l'Eternel et la fait connaître aux hommes, que l'auréole de l'inspiration divine entoure son front et que ses mains soutiennent les tables sur lesquelles nos droits les plus saints sont gravés en caractères aussi lumineux que les astres.

Il fallait des génies de cette hauteur pour arracher une génération qui fut la servante du césarisme à ses habitudes d'esclavage. La parole biblique de Victor Hugo devait ressusciter la conscience morte. Dès qu'il fut chassé de la tribune et envoyé en exil, il comprit qu'il devait consacrer sa vie au sacerdoce de la liberté. Il voulut que son inspiration dantesque illuminât l'âme de la nation pour qu'en baissant les yeux elle pût voir l'abîme où elle tombait et qu'en les élevant elle découvrît, au ciel, l'étoile de l'espérance. Il ne se contenta pas de pleurer la liberté perdue, la République morte, la France déshonorée ; il s'attaqua stoïquement à la victoire même, à cette victoire devant laquelle s'inclinaient tant de caractères débiles et prouva que le vainqueur n'avait rien conquis puisqu'il n'avait pu atteindre ceux qui prêchaient le verbe de la nouvelle idée.

Cette éclipse devait durer longtemps. Napoléon III, si nul sous tant d'autres rapports, avait le génie et le tempérament spécial du conspirateur. C'est ce que Victor Hugo a clairement démontré dans l'*Histoire d'un crime*.

C'était le soir du 1er décembre 1851. Les invités du Président de la République commençaient à se disperser, après avoir beaucoup médit des partis de l'assemblée et de leurs chefs. La solitude régnait dans les somptueux salons de l'Elysée et cependant le président ne songeait pas à se coucher. Les mouvements nerveux qui agitaient son corps, la pâleur de son visage, ses promenades subites, les paroles entrecoupées qui sortaient de ses lèvres, ses continuels clignements d'yeux laissaient supposer qu'il était en proie, lui l'homme calme et insensible, à quelque réflexion d'une extraordinaire importance.

C'était toujours le même homme : un infatigable conspirateur. Il conspirait dans le gouvernement comme il avait conspiré dans l'exil, dans les salons de l'Elysée, comme à Boulogne ou à Strasbourg. Il avait jadis conspiré contre un roi ; maintenant, il conspirait contre un peuple. Après avoir tenté de renverser la monarchie, il essayait de renverser la République. Jadis, l'ennemi avait pour lui l'armée, maintenant il était désarmé et c'était le conspirateur qui avait pour lui la force. Les procédés sont toujours les mêmes : plans tracés à l'avance, entrevues d'amis et de complices, corruption de militaires, dissimulation poussée à ses dernières limites, l'ombre de la nuit choisie comme plus favorable au crime ; l'eau-de-vie et l'or pour mettre en action les bas agents, les promesses de places et d'argent pour séduire les personnages ; le mépris de toutes les vertus et l'appel à toutes les mauvaises passions. Tels étaient les ressorts de cette nouvelle conspiration. Bonaparte ressemblait alors à un voleur domestique qui, abusant de la confiance placée en lui, unit la violence à la bassesse.

Il ne rompit jamais avec ses habitudes de conspirateur, même sur le trône. Prétendant, il conspirait contre le gouvernement établi ; chef du pouvoir exécutif, contre le pouvoir législatif ; souverain, contre les autres souverains.

L'exemple suivant suffira entre mille. Un jour, un jeune homme d'environ vingt-six ans pénétrait en se moquant de la consigne et sans être vu des sentinelles dans la cour intérieure des Tuileries qu'une grille solide séparait du Carrousel et des cours immenses du Louvre. Tous les plans de l'éternel conspirateur avaient réussi ; César était content. Il était accoudé à l'une des fenêtres du palais quand son attention fut attirée par l'audace du nouvel arrivant qui se refusait à obéir aux injonctions des concierges. Napoléon voulut savoir de quoi il était question et apprit que le jeune homme désirait obtenir de Sa Majesté un fauteuil à l'Opéra où devait avoir lieu une représentation extraordinaire. La chose plut à César et il combla le désir de l'audacieux envahisseur des Tuileries.

Désirer une place à l'Opéra et la demander à l'Empereur, c'est faire acte de folie ; on pouvait donc supposer que Napoléon oublierait pour toujours Lessines. C'était le nom de ce jeune homme. Eh bien, non, l'empereur le reçut en audience particulière et le laissa développer devant lui le fameux plan consistant à détrôner le roi des Belges et à unir le royaume de Belgique à l'empire français comme le sont aujourd'hui le royaume de Hongrie à l'empire d'Autriche. Lessines, un Belge, voulait livrer sa patrie. Tout autre souverain aurait chassé cet insensé et ce traître. Napoléon l'écouta. Il fit mieux, il demanda des renseignements sur ce conspirateur au ministre de France à Bruxelles et, après en avoir obtenu de favorables, il chargea Lessines de lui rédiger un mémoire. Celui-ci l'écrivit en style bas et rampant. Il proposa de combler de distinctions l'armée belge; de croix, la diplomatie; de lettres flatteuses, les universités; d'argent, les maisons de bienfaisance. Il fallait inviter aux Tuileries les voyageurs de marque, suborner les uns, acheter les autres, nouer des intelligences avec le clergé et doter les couvents. C'était un plan de corruption universelle appliqué à la Belgique pour la gangrener. Napoléon sur le trône attacha quelque importance à ces insanités. C'est que, sur le trône, il avait conservé ses goûts et son penchant pour les conspirations.

Le triste cadeau que Napoléon fit au Mexique en lui envoyant Maximilien fut une conspiration contre les Etats-Unis, contre la démocratie et la République américaine. Ses entrevues avec Bismark qui se montra meilleur conspirateur que lui, furent une conspiration contre l'Allemagne. La guerre d'Italie avait été une conspiration contre l'Autriche, cette guerre d'Italie que lui avaient imposée, sous peine de mort, les affiliés des sociétés secrètes, les carbonari. Il était lié par des serments prêtés à des frères d'armes oubliés. Ses anciens compagnons des Romagnes affilaient leurs poignards comme autant de nouveaux Brutus. Napoléon, par son caractère, par sa vie, par son histoire, ne fut jamais qu'un conspirateur persévérant.

La matinée du 2 décembre ressemblait à la matinée de Boulogne, à la matinée de Strasbourg. Le conspirateur allait assassiner la République au moment même où, pacifique et solide sur sa base, elle n'avait qu'un seul ennemi : son chef. Rien ne justifiait ce forfait. Les socialistes avaient été vaincus par l'épée de Cavaignac. L'Assemblée, loin de se montrer hostile, semblait vouloir se réconcilier avec lui et négligeait le soin de sa défense. La Montagne, rassurée par la restauration du suffrage universel, lui souriait. Le peuple se familiarisait avec les institutions républicaines. Les impôts étaient régulièrement payés et les folles terreurs qu'avait engendrées le premier usage de la liberté s'étaient évanouies. L'ordre renaissait de toutes parts. Un Washington aurait profité de ces heureuses circonstances politiques pour étendre le domaine de la démocratie et consolider les institutions républicaines. Son pouvoir aurait été moins absolu et moins personnel, mais sa gloire aurait été impérissable. Pour conduire à bien une pareille œuvre, l'honnêteté d'un magistrat intègre eût suffi. Napoléon n'avait dans l'âme que des rêves de conspiration.

La conspiration du 2 décembre est donc admirablement ourdie. Napoléon la conçoit, Persigny la raisonne, Morny la formule, Saint-Arnaud et Maupas l'exécutent. Les espions surveillent les maisons des victimes comme dans l'ancienne Venise, les sbires entrent à l'aube dans les demeures inviolables des représentants du peuple, les soldats isolent les ouvriers de l'imprimerie nationale, auxquels on fait composer des affiches et des proclamations dont ils ignorent le contenu, les troupes sortent de leurs casernes et défient le peuple désarmé, afin qu'une résistance éclate et justifie tous ces attentats ; le palais du chef de la nation se remplit d'aventuriers sans nom et les prisons regorgent de citoyens illustres dans la Chambre ou dans la presse ; la représentation nationale mollement défendue par un président lâche ou traître est profanée ; les représentants réunis dans une mairie sont faits prisonniers ; les multitudes républicaines sont sans armes ; les représentants les plus avancés ne sont pas écoutés.

La tuerie s'organise ensuite pour couronner la catastrophe et le peuple poursuivi et traqué par une soldatesque furieuse qui tire indistinctement sur les groupes, sur les fenêtres, sur les passants, sans distinction d'âge, de sexe ou de parti, tombe sanglant. On dirait que le césarisme a voulu se fonder dans l'extermination générale.

Il faut vivre ces heures d'angoisse dans le récit de Victor Hugo, récit simple comme la vérité, implacable comme la justice, émouvant comme le drame. Personne n'osera plus toucher à ce fait historique, maintenant que le génie l'a gravé de sa plume d'aigle. On voit à chaque page du livre que le poëte, l'historien et le philosophe se complètent l'un l'autre. L'idée court à travers la narration comme la sève dans les arbres ou le sang dans les veines : l'idée de la liberté, cette vie de la vie, cette âme de l'âme. Le récit a cette simplicité qui convient à celui qui raconte les douleurs d'une génération, aux générations de l'avenir. Et cependant, malgré cette simplicité homérique, on voit à chaque instant apparaître le grand dramaturge dans le mouvement de l'action, dans la vie des personnages, dans le naturel et l'abondance du dialogue, dans l'habile succession des scènes et la variété du style.

Ces qualités ajoutent d'ineffables enchantements au sublime accent de l'histoire.

Les idées qui, pendant trente années, ont eu cours en Europe, ont favorisé le coup d'Etat et l'établissement du césarisme. Les physiciens ont coutume de dire que les forces se transforment tout en restant égales et identiques dans leur essence. La même chose a lieu dans le domaine politique. Les différents états sociaux ont leur base dans l'état mental des peuples. Les institutions ne sont que des idées condensées. Un funeste courant de sophismes engendra la tyrannie. Avant que la volonté se résignât à la servitude, l'intelligence sociale était malade. Le mépris des gouvernements parlementaires, les seuls dignes d'une société cultivée, pénétra dans tous les cœurs. On disait que les assemblées étaient des conciliabules de sophistes; leurs débats, de vaines argumentations; leurs orateurs, les fléaux du peuple. On ajoutait que les gouvernements constitutionnels, dépendant d'une majorité et obligés de subir les attaques d'une opposition n'étaient que des serviteurs indignes de s'arroger l'autorité suprême et d'exercer leurs pouvoirs multiples. L'action rapide, la force évidente, la dictature omnipotente paraissaient mieux convenir au génie moderne que les Sénats et les congrès où parlaient sans repos ni trêve les patriciens de la parole. Les plus avancés concédaient au gouvernement le droit de tout faire, en échange du droit de tout dire. Les légendes fantastiques de rédemption sociale, les différents systèmes de rénovation surnaturelle qui devaient modifier la nature et l'homme lui-même, une succession de mirages trompeurs amenèrent la croyance en une sorte de messie politique qui viendrait armé de toutes pièces, pour forger une société nouvelle. On oubliait la révolution française qui fit naître la pensée moderne, la nuit du 4 août qui vit la liberté se dresser sur les ruines d'un château féodal, les idées des philosophes et l'éloquence des orateurs pour se tourner vers l'homme du 18 brumaire, l'assassin de la démocratie, le déserteur de la République, celui qui a fait du drapeau tricolore et de la vaillance de l'armée un pavois de souveraineté, le funeste représentant des réactions impériales, l'apôtre enfourchant la liberté comme si les idées nouvelles avaient besoin de ce prophétisme arabe, comme si les germes de l'esprit moderne pouvaient être propagées par des légions en armes au milieu des tempétueuses fumées de la guerre et des horreurs sanglantes de la conquête. Les peuples en étaient arrivés à croire, comme les Juifs, à la venue de ce messie légendaire. Un César qui aurait dispersé les nobles et les chevaliers, suspendu les comices, fermé la curie, cloué à la tribune des rostres la langue des sénateurs, précédé d'une armée de prétoriens et suivi d'une armée d'ouvriers, répartissant, entre les uns, le butin des victoires et, entre les autres, la terre des riches, bâtissant une société composée de deux lignes, l'une de casernes et l'autre d'ateliers, sans autre bruit que les tambours, sans autres harangues que les ordres impériaux, sans autre assemblée que le régiment, sorte de Dieu des batailles engendré par le messianisme de ceux qui avaient rénié la liberté et ses austères vertus. Ce rêve germait dans les esprits et s'élevait peu à peu comme un noir soleil de mort sur les ruines de tout ce qui avait jusque-là honoré l'humanité et élargi la conscience. Comment s'étonner que de ces nuées de sophismes soit né César et le Césarisme ?

La gloire sans taches de Victor Hugo sera d'avoir ouvert de tels horizons, condensé tant de lumière, répandu des idées si grandes et donné la vie à des créations si sublimes qu'il a réussi à faire d'un cloaque, une conscience.

Il se sentit doué de cette puissance d'imagination qui revêt les idées d'une telle splendeur qu'elles pénètrent dans l'âme des aveugles et ressuscitent les morts. Et il se voua, sur la terre d'exil, à cette mission : détruire la légende du Césarisme et la remplacer par l'Evangile de la liberté. Aucun autre poëte n'a mieux mérité le titre de prophète que cet homme extraordinaire.

Avant que la nuit se fût répandue sur la France, il en annonça la venue avec des pleurs qui rappellent les lamentations de Jérémie quand il vit dispersées les pierres du sanctuaire ou l'indignation de Michel Ange sculptant la statue de la nuit sur la tombe de l'Italie.

Les générations qui venaient à la vie chargées des chaînes impériales interrogeaient ses vers. Elles constataient ainsi qu'il naissait d'autres idées pour les âmes, d'autres horizons pour la vie, d'autres espérances pour les cœurs, une rédemption possible pour les esclaves. Au fond du ciel, la justice de Dieu veillait comme au fond des âmes la conscience du droit. Les cœurs battaient autour des récifs de cette île de Pathmos, au centre de laquelle se dressait ce phare céleste, avec la même impétuosité que les vagues de l'Océan. La tradition mythique veut que, dans les temps reculés, quand l'inspiration pratique faisait des miracles, quand les écueils se peuplaient de dieux, quand les arts étaient des religions, le poëte : Amphion ou Orphée, ait mis en mouvement les blocs de pierre eux-mêmes, au son de sa lyre, et créé, de toutes pièces, de grandes cités. Cette fable est devenue réelle de nos jours. Nous sommes, il est vrai, des êtres prosaïques, nous nous occupons de sociétés par actions et de jeux de bourse, les forces des machines ont remplacé celles des héros, nous avons dépeuplé les campagnes de leurs génies bienfaisants et c'est à peine si nous distinguons encore la grande ombre de Dieu au-delà des étoiles et des soleils. Cependant, l'ancien miracle continue à se manifester, la légende poétique reprend sa force, la poésie se fait chair comme le Verbe divin et ce poëte géant : Victor Hugo, en évoquant les grandes pensées endormies au fond de l'abîme profond des consciences élèvera la cité invisible du droit pour servir d'asile à la nouvelle humanité pénétrée d'idéal et que ses progrès auront rapproché du Créateur.

Les idées philosophiques restent dans le lointain domaine de la métaphysique jusqu'à ce que le poëte les ait divulguées et converties en sentiments et en croyances à l'usage des sociétés et des peuples. Et lorsque, par la vertu de cette merveilleuse transformation, l'idée abstraite contenue dans les dialogues platoniques est devenue l'hymne que les persécutés entonnent dans les catacombes et dont les strophes se chantent à l'autel quand tombent les martyrs ; lorsque cette métamorphose s'est accomplie, l'homme politique peut venir et tracer les institutions d'une société nouvelle. Jamais la France n'aurait consolidé la République, jamais elle ne se serait gouvernée elle-même et n'aurait opposé aux embûches de ceux qui tentaient de refaire un 2 Décembre, les lumineuses affirmations du 14 octobre, si Victor Hugo, son grand poëte, cloué à son rocher pendant vingt ans, n'avait remué les consciences, fait appel aux idées, arraché au ciel son feu créateur comme un nouveau Prométhée, pour le répandre parmi les hommes, en leur donnant le sentiment du droit, en leur refaisant une conscience.

S'approcher de cet homme sublime, l'entendre disserter, recueillir la pensée qui s'échappe de ses lèvres est l'un des plus grands plaisirs que l'on puisse rencontrer. La poésie qui resplendit dans sa prose comme dans ses vers orne aussi sa parole. Lorsqu'on le voit entouré de sa famille qui l'adore et de ses amis qui l'admirent, on recueille tant de pensées profondes embellies de plus riantes séductions de la forme qu'on se croit transporté à une autre époque. On s'imagine assister à l'une de ces conservations académiques des philosophes grecs au milieu desquelles la religion, la science et l'art se confondaient, ou bien, encore, à l'une de ces réunions florentines dans lesquelles, aux environs de la nouvelle Athènes, à l'ombre des lauriers et des myrtes peuplés de rossignols, des chœurs d'artistes et de poëtes, dissertaient le long de l'Arno sur les idées d'où devait sortir la Renaissance, et avec la Renaissance une nouvelle et remarquable transformation de l'humanité.

Combien de fois nous nous sommes ainsi entretenu des futures alliances entre les races et du rôle sublime réservé par le ciel à celle qu'on peut à bon droit appeler la première d'Europe, à la plus féconde en héros et en poëtes, à celle qui a fondé la liberté et arraché au ciel le don divin des arts, à la race qui peuple les rivages de la Méditerranée et dont les idées éclairent comme autant d'étoiles fixes la route que parcourent les peuples en marche vers le progrès!

Ces destinées meilleures se préparent par la publication de livres comme l'*Histoire d'un crime* qui respire tant de haine pour la tyrannie et tant d'amour pour la liberté. Les pressentiments d'un génie comme Victor Hugo se réalisent tôt ou tard dans un monde aussi docile aux sublimes inspirations que la société moderne pénétrée de plus en plus de l'esprit nouveau et qui se gouverne par les idées de démocratie progressive.

EMILIO CASTELAR.

Paris. — Typ. N. Blanpain, 7, rue Jeanne.

www.ingramcontent.com/pod-product-compliance
Lightning Source LLC
Chambersburg PA
CBHW060710050426
42451CB00010B/1365